AF143793

Le Docteur Rhumatologue Jean Lacapère,
de Lectoure,
déporté au camp de Schirmeck

Le Docteur Rhumatologue Jean Lacapère est né à Lectoure le 9 mai 1898 et décédé en août 1964. Rhumatologue, chef de clinique à l'Hôpital Cochin, directeur de l'Institut prophylactique, président de la Ligue Française contre le Rhumatisme, il fut le fondateur du centre hospitalier de cardio-rhumatologie infantile de Nanterre. Officier de la Légion d'Honneur, Croix de guerre, Résistant, il fut interné à Fresnes puis déporté aux camps de Schirmeck [1] puis de Gaggenau [2], de mars 1944 à avril 1945. Appelé « le médecin de la douleur », il obtint que le rhumatisme soit classé en France parmi les maladies dites « sociales ».

(1) : Le camp de sûreté de Vorbruck-Schirmeck, en allemand Sicherungslager Vorbruck-Schirmeck, était un camp de redressement nazi situé dans la commune de Schirmeck (Bas-Rhin), en Alsace annexée, pendant la Seconde Guerre mondiale, qui fonctionna de 1940 à 1944. Il était destiné aux Alsaciens et Mosellans réfractaires au régime nazi, hommes et femmes, ainsi qu'à leurs familles en représailles. Mais il reçut en fait des prisonniers d'un peu partout, au hasard des sorts individuels, de l'évolution des lois répressives nazies.

(2) : En septembre 1944, dans ce qui est aujourd'hui le quartier Bad Rotenfels dans la ville allemande de Gaggenau, les nazis ont créé des camps de sécurité, où ils ont transporté les détenus du camp de Schirmeck. À la fin du mois de novembre 1944, le camp comptait 900 hommes et 160 femmes. Au total, 1 600 hommes et femmes furent internés dans six casernements pour travailler dans des usines, notamment celle de Daimler-Benz. Environ 500 d'entre eux sont morts. En 1985, une plaque souvenir fut inaugurée en mémoire des victimes, en présence d'anciens prisonniers français. Un autre monument au cimetière de la forêt rappelle les 26 prisonniers assassinés. Beaucoup de détenus russes s'y trouvaient également.

EN 1962

ANDRÉ CADEOT, sa FEMME et sa FILLE

ONT FAIT DON DE CETTE MAISON

AU

CENTRE de CARDIO-RHUMATOLOGIE INFANTILE

de NANTERRE

CREE PAR LE DOCTEUR JEAN LACAPERE de LECTOURE

Le Docteur Rhumatologue Jean Lacapère, de Lectoure, déporté au camp de Schirmeck

par Godelieve LUST

À Fleurance, place de la Mairie, une plaque de marbre gravée est scellée au niveau du 1ᵉʳ étage sur la façade de la maison où se trouve le magasin d'optique « Bertrand ». Voici ce qui est inscrit : « En 1962, André Cadéot, sa femme et sa fille ont fait don de cette maison au Centre de Cardio Rhumatologie infantile de Nanterre, créé par le Docteur Jean Lacapère de Lectoure ». Jean et André se sont connus au collège de Lectoure et sont restés toujours très amis.

Fleurance rend ainsi indirectement hommage à un Lectourois de grande valeur tant sur le plan humain que scientifique, et que ses compatriotes ont un peu vite oublié ou méconnu.

Jean Lacapère est né à Lectoure le 29 mai 1898 et mort à Paris en l'été 1964 - mais sur le registre d'état-civil lectourois, son décès n'a pas été enregistré ! -. Il fait ses études secondaires au collège de Lectoure, obtient son Bac à 17 ans en 1915. Il commence à Toulouse des études brillantes de médecine, qu'il continuera à Paris. Appartenant à la classe 1918, il est enrôlé comme médecin auxiliaire dans le 86ᵉ Régiment d'infanterie. Voici la citation dont il est honoré : « Excellent médecin auxiliaire. Apprenant que le Régiment allait être engagé, a demandé à ne pas partir en permission. S'est, au cours de la progression du Bataillon, dépensé sans compter auprès des blessés, participant lui-même à leur transport, dans des circonstances particulièrement périlleuses. Tout en soignant les blessés, a su entraîner les brancardiers ».

À vingt ans, Jean Lacapère était déjà un homme exceptionnel.

Il se marie en 1934, dans la cathédrale d'Auch dans la plus stricte intimité. Sa femme Hélène Ginet est une riche parisienne, protestante. Ils n'auront pas d'enfant.

Voici sa carrière médicale - extrait d'un article du professeur F. Coste dans la revue « La presse médicale » de septembre 1964, peu après le décès de Jean Lacapère -.

Il fut un pionnier de la recherche en rhumatologie. Il exerce d'abord à l'Hôpital Necker puis à Cochin où il fut chef de clinique d'Achard.

À ses consultations se pressaient beaucoup de rhumatisants, éconduits des services de médecine générale où ils suscitaient - dans les années trente - peu d'intérêt. On l'appelait « le médecin de la douleur ». Son travail incessant, sa calme et bienveillante emprise sur les malades, sa sagacité clinique, étaient pour ses collègues et ses patients d'un précieux secours. Il devient directeur de l'institut Prophylactique. Pendant la seconde Guerre Mondiale, devenu médecin capitaine, il transporte ses malades en Dordogne pendant l'exode. Il s'engage dans la Résistance où il fait partie du réseau « Alliance ». Arrêté en 44 il est déporté au camp de Schirmeck où il se dépense au chevet de ses camarades de captivité. Il y contracte une grave maladie infectieuse qu'il gardera jusqu'à la fin de sa vie, mais il continuera à travailler sans cesse tout en luttant contre sa maladie [V. ci-

après le récit de sa déportation]. En 1956 il est élu Président de la Ligue Française contre le rhumatisme. Il entreprend trois séries de recherches sur :
- le mécanisme de l'ostéophytose,
- l'emploi thérapeutique des antimalariques,
- la polyarthrite.

En 1960, malgré l'aggravation de sa maladie, il crée un centre hospitalier de cardio-rhumatologie à Nanterre, Le Centre Jean Lacapère.

Durant toute sa vie, Jeun Lacapère fut aussi préoccupé des incidences humaines, économiques et professionnelles du rhumatisme, dont il avait obtenu qu'il fût en France classé parmi les maladies dites « sociales ».

Quelque temps après son retour en France, Jean Lacapère rédige un texte sur sa déportation, récit poignant, toujours vivant après 60 ans, triste anniversaire de la libération des camps nazis de concentration.

Le récit de Jean Lacapère, 5 mai 1945.

La situation exceptionnelle d'unique rescapé sur 80 camarades enfermés avec moi dans la baraque n° 10 au camp de Schirmeck, m'incite à consigner dans un compte rendu aussi bref et objectif que possible, les épisodes survenus au cours de notre détention, du 25 mars 1944 au 5 avril 1945, jour de mon évasion précédant de 6 jours seulement l'arrivée des troupes françaises, qui nous ont définitivement libérés.

Avec des variantes individuelles, quelquefois graves ou même tragiques pour certains d'entre nous, qui, au moment de leur arrestation, furent blessés ou tués par les agents de la Gestapo, la prise de contact avec la police allemande (représentée hélas, quelquefois, par des Français) a été rapide. Aussitôt amené rue des Saussaies pour un premier interrogatoire, on se trouvait immédiatement coupé du reste du monde et introduit dans une atmosphère peu rassurante, car bien des chambres des cinq étages de l'immeuble laissaient filtrer des bruits inquiétants. On ne tardait guère à en identifier la nature dès qu'on comparaissait soi-même devant les commissaires interrogateurs. Il n'y a pas à insister sur la manière dont les interrogatoires étaient conduits, les détails en ont été rapportés maintes fois.

L'incarcération à Fresnes ou au Cherche-Midi suivait bientôt, et là commençait une nouvelle vie que chacun, avec le secours des camarades entre lesquels régnait une solidarité admirable, s'ingéniait à rendre supportable.

Je passe rapidement sur les formalités de fouille, d'inscription au registre des entrées, de désinfection, d'étuvage, des vêtements, de douche. L'ensemble de ces opérations durait à peu près deux jours, bien que chacune d'elles soit menée avec une extraordinaire rapidité et que tous nos gestes soient ponctués de « los », « los », ce qui signifiait qu'il fallait se hâter au maximum sous peine de sanctions corporelles immédiates.

Ainsi était réalisée une propreté d'ailleurs plus apparente que réelle, car dès qu'on pénétrait dans les cellules, c'était pour y entreprendre une lutte incessante contre les puces dont chaque détenu peut affirmer l'abondance à Fresnes.

En attendant un prochain interrogatoire ou un jugement ou un départ, on organisait sa vie de détenu, et très rapidement on se mettait au courant des habitudes de la maison.

Dès le lever, chasse aux puces, puis balayage soigneux du parquet après avoir rangé la literie. Ce parquet était ciré (sans aucun produit d'entretien naturellement) seulement par frictions énergiques avec le dos de la balayette ou le manche de la cuiller. La moindre tache était aussitôt sanctionnée par une fouille supplémentaire et par la confiscation de tous objets illégalement contenus dans la cellule et ces objets illégaux étaient nombreux puisqu'on n'avait droit à rien.

La distribution des repas était naturellement une des attractions principales et avait lieu trois fois par jour : café le matin, soupe à midi, 300 grammes de pain arrivant tantôt le matin, tantôt l'après-midi, avec un peu de margarine ou de marmelade, ou le dimanche un peu de viande. Heureusement les colis de la Croix-Rouge ou du Secours national étaient distribués à raison d'un tous les quinze jours, et certains détenus pouvaient recevoir des colis familiaux, dont la composition était diversement accueillie par le gendarme de service qui en remettait tout ou partie, aux détenus, selon des règles mal définies, n'ayant sur soi ni argent, ni bijoux, ni valeurs d'aucune sorte, il était difficile d'améliorer sa situation par ses propres moyens. Des fouilles assuraient l'observation de cette prescription.

Le temps en temps des livres étaient distribuées, et si le parquet était très brillant, la literie parfaitement rangée, les paquetages inapparents, on pouvait avoir un carton sur lequel un échiquier ou un jeu de dames était dessiné.

Comme dans toutes les prisons, l'occupation capitale de la journée consistait à faire ce qui était défendu, c'est-à-dire entrer en relation avec les cellules voisines, et, en un mot, de toutes les manières tromper ses gardiens. Je ne divulgue aucun secret en disant qu'on y arrivait de différentes manières, soit en téléphonant par les conduites d'air du chauffage, soit par la conduite d'eau, soit par alphabet morse frappé contre le mur, soit en ouvrant la fenêtre, bien que cette dernière fût solidement clouée et que cette opération n'allait pas sans risques. Grâce au patient effort de chacun et à une surveillance soigneuse des allées et venues de la sentinelle, on arrivait cependant à faire connaître en une demi-heure, quelquefois moins, à toute la prison, une nouvelle qu'on émettait. Le soir, après la collation, il y avait toujours un communiqué hurlé d'une quelconque des 500 cellules que contient chacun des bâtiments.

Au milieu de cette activité, il y avait cependant des moments angoissants qui ne laissaient pas un instant à perdre de vue la dangereuse situation où on se trouvait. C'était l'ouverture inopinée d'une cellule, entraînant souvent des sanctions contre ceux qui s'étaient fait prendre en train d'exécuter quelque opération illicite, ou, plus inquiétants encore, les bruits d'ouverture des cellules au petit matin, quand on entendait partir le camarade qui y était enfermé, criant « Au revoir » ou chantant la Marseillaise.

Le point de vue médical, m'a-t-il semblé, une des moindres préoccupations de nos geôliers. La venue de l'infirmier qu'il fallait demander quelquefois à trois ou quatre reprises, c'est-à-dire en trois ou quatre jours, car une heure fixe était affectée à cette demande, était marquée de temps à autre par une distribution de coups de poing, et, dans ma cellule, un camarade qui était atteint d'un abcès de l'amygdale, est resté onze jours sans soins. Le deuxième jour, conduit devant le médecin, il est revenu avec une pincée de permanganate pour faire des lavages de bouche, si bien que le voyant incapable de prendre la moindre nourriture et respirant avec une grande difficulté à cause de l'enflure de sa gorge, j'ai dû prendre la décision de l'opérer moi-même avec le manche de la cuiller, aiguisé à cet effet sur le ciment du w.-c.

Inopinément, le 19 mai, au matin, ouverture de la cellule et annonce d'un « transport », ce qui signifiait déportation. Après quelques formalités : examen médical pour déceler une phtiriase et autres, nous avons quitté la prison de Fresnes vers 3 h 30 pour être amenés en camion à la gare de l'Est. Nous avions pu savoir, au cours de la demi-journée précédente, que nous devions aller vers Strasbourg. Le voyage s'est fait dans de bonnes conditions, dans un wagon de 5ᵉ classe. Le seul ennui était le port de menottes qui nous reliaient par quatre.

Arrivés à Strasbourg, nous avons été remis aux autorités policières locales qui nous ont embarqués dans des camions à destination de Schirmeck. Notre arrivée dans ce camp, où étaient détenus surtout des Alsaciens, n'est pas passée inaperçue, puisque nous avons été enfermés aussitôt dans une baraque disciplinaire, Baraque 10, et étiquetée « terroriste ». Cette épithète nous condamnait au secret collectif, c'est-à-dire que nous n'avions pas le droit de sortir de la baraque. Nous ne pouvions entrer en relations avec aucun des autres détenus, qui, eux, se promenaient à l'intérieur du camp, quand ils n'étaient pas au travail. Nous ne pouvions recevoir ni lettre, ni colis, et pour la moindre infraction à ces règles (essai de communication avec les femmes dont certaines avaient accompagné leur mari à Schirmeck) nous étions punis. Une de ces punitions consistait en privation de nourriture un jour sur deux, pendant 5 semaines, avec envoi au cachot de quelques délinquants.

L'obligation de marcher accroupi, de se coucher à trois dans un drain en ciment qu'on roulait ensuite, l'administration de coups de ceinturon, de coups de poing, de pied, l'envoi au cachot et la privation de nourriture constituaient d'autres sévices. L'hygiène dans la baraque était un peu contrariée du fait que nous ne pouvions sortir sous aucun prétexte, et la présence des tinettes dans le local réservé aux ablutions n'ajoutait rien à notre confort. Cependant, nous nous sommes ingéniés avec un admirable esprit de camaraderie et de solidarité à occuper nos loisirs forcés, et notre vie intellectuelle était très active.

Le matin, un prêtre et un pasteur, détenus avec nous, se partageaient un moment de méditation à haute voix. Un cours de physique, un cours de mathématiques, d'anglais, de littérature, avaient été organisés. L'après-midi, chacun d'entre nous, à tour de rôle, faisait une conférence sur un sujet de son choix, et après le repas du soir, nous organisions une réunion politique plénière et contradictoire sur notre vie au sortir du camp. Le résultat des discussions était consigné sur des notes naturellement soigneusement cachées. Ces notes ont été enfermées dans un flacon enterré ensuite sous le plancher de la baraque. Au moment de ma libération, j'ai fait soulever le plancher à cet endroit et j'ai eu la joie et l'émotion de les retrouver intacts.

Voici les conclusions auxquelles nous avions abouti :

1°) nous sommes au service de la France

2°) Nous avons reçu un héritage magnifique, nous l'acceptions, nous voulons le transmettre enrichi, c'est un acte de confiance en la vitalité du pays.

3°) Notre activité s'exercera dans la période des opérations militaires, dans la période de transition qui suivra l'armistice, et dans la période de stabilisation et de reconstruction nationale après la victoire.

4°) Il faudra grouper les initiatives individuelles et les fortes personnalités avec les masses ouvrières autour de la notion de Patrie, et lutter pour un idéal et non contre telle ou telle tendance, et contre tel ou tel abus.

5°) Si nous restons isolés, nos efforts seront stériles. Nous nous unirons à tous les groupements semblables au nôtre, aux groupements prisonniers de guerre, aux groupements politiques sans distinction, à la seule condition qu'ils travaillent à l'indépendance et à la grandeur du pays.

6°) Nous veillerons à la sauvegarde de nos droits intellectuels, matériels, et de nos libertés individuelles. Les divergences d'opinions, de religions, de races ne seront pas un obstacle à l'union de tous pour le bien de la Patrie mais nous nous assurerons que les fonctions de chacun sont en rapport avec ses qualités professionnelles et morales, sans autre considération.

7°) Nous serons difficiles sur le choix des nôtres et exigeants sur l'application de ces principes.

8°) Nous soutiendrons un gouvernement issu de la résistance et des éléments qui ont fait la preuve de leur patriotisme, à l'exclusion de ceux qui, par aveuglement, cupidité ou contrainte, ont failli conduire le pays à l'esclavage et la ruine. Nous saurons agir pour que la conduite générale de la politique soit orientée vers une entente avec les autres nations, compatible avec l'indépendance, le libre développement intellectuel et matériel de la France.

Telle était la base des statuts de notre future Amicale des déportés de Schirmeck.

Le 18 juillet, après un nouvel interrogatoire qui, pour beaucoup d'entre nous, fut l'occasion de nouvelles violences, j'ai été désigné pour accomplir les fonctions de médecin du camp et ai dû quitter, à mon grand regret, la Baraque 10 pour habiter désormais à l'infirmerie. C'est de là que, le soir du 1er septembre, j'ai vu appeler mes camarades par groupes de douze, entrer dans une camionnette sans bagage d'aucune sorte, pour être acheminés vers le camp de Struthof, distant de quelques kilomètres. Toutes les deux heures, pendant cette soirée et cette nuit, la camionnette revenait et prenait en charge douze autres détenus.

Après évacuation complète de la Baraque 10, vient le tour des femmes, puis des détenus de la Baraque 11, qui venaient pour la plupart de la région de Gousset (Vosges). Le matin suivant, j'ai été transporté moi-même à Gaggenau (Bade) pour assurer le service médical du nouveau camp où celui de Schirmeck devait être replié devant l'avance des troupes alliées.

Je n'ai pu avoir de renseignements précis sur le sort qui avait été fait, dans cette nuit du 1er septembre, aux camarades que j'ai vu partir. Certains renseignements, qui m'ont gravement inquiété, m'apprenant que les effets de ces détenus avaient été ramenés au vestiaire du camp de Schirmeck et redistribués à d'autres. Par ailleurs, on m'affirmait que le camp de Struthof avait été replié sur Dachau. Mais, en général, les Allemands à qui je demandais s'ils savaient quelque chose, hochaient la tête sans se. donner de réponse précise.

Le logement des détenus de Schirmeck au camp de Gaggenau n'a pas été sans difficultés. Ce camp improvisé ne contenait que 4 baraques d'hommes et 2 baraques de femmes. Après le deuxième bombardement de l'usine Daimler-Benz où travaillaient un grand nombre de détenus, une baraque de femmes a été brûlée. Il n'en restait donc qu'une pour loger les 180 détenues du camp, tandis que, à certains moments, 1 600 hommes se partagèrent les quatre baraques précitées. Ceci donnait à chacun environ 1 demi-mètre carré de surface au sol. Il est vrai qu'une disposition des lits agencés en trois étages laissait un peu de place au milieu de chaque baraque.

Les conditions hygiéniques dans ce camp étaient mauvaises, puisqu'après le bombardement, l'eau avait été coupée. La quantité de vermine (punaises, poux, puces} était incroyable et certains détenus, malades, qui auraient dû rester couchés, y renonçaient au péril de leur vie, ne pouvant supporter l'attaque permanente de ces insectes.

La nourriture, préparée cependant avec le plus .grand soin par le cuisinier du camp, lui-même détenu, était tout à fait en disproportion avec. le. travail demandé à chacun, si bien que les syncopes, les œdèmes et les atteintes d'une misère physiologique étalent extrêmement fréquents. Le manque de couvertures se faisait également cruellement sentir dans la période d'hiver où l'entassement des prisonniers qui couchaient à trois par lit n'arrivait pas à les réchauffer.

Au cours de cet hiver, au mois de novembre, 9 camarades venant de Buchenwald ont été amenés au camp et, après un séjour d'une huitaine de jours, sont partis dans des conditions analogues à celles du 1er septembre. Quelques jours après, 14 autres, parmi lesquels des officiers anglais et américains en tenue, ont suivi le même chemin. Nous n'en avons plus entendu parler. Enfin, un groupe d'officiers, de soldats F.F.I. et d'otages venant de la région des Vosges, comprenant environ 300 personnes, ont été évacués sur Dachau. Un autre groupe d'environ 200 détenus est parti pour Haslach pour travailler à une usine souterraine de Daimler-Benz, Ils sont revenus 3 mois après, n'ayant eu pendant leur séjour à Haslach, ni air, ni lumière solaire, dans un état de maigreur, de pâleur, de cachexie, de saleté inexprimable. Beaucoup sont morts quelques jours après leur arrivée au camp.

Enfin, au début du mois d'avril 1945, alors que. les troupes de la 1ère armée atteignaient Karlsruhe, il a été de nouveau question de replier le camp vers Rottweil et Willingendorf, mais il fut procédé à la libération massive de la plupart des prisonniers alsaciens. Resté au camp avec quelques camarades, inquiété par les disparitions successives de ceux qui avaient été mes compagnons, j'ai pris la résolution de m'évader, la veille du jour où le camp devait être évacué, et ai été assez heureux pour mettre ce projet à exécution. Caché pendant 6 jours, j'ai eu, le 11 avril, la joie de voir arriver des éléments du 9e Zouaves qui m'ont définitivement libéré.

Avec quelques amis, je me suis occupé alors de rapatrier ceux qui, quoique libérés, n'avaient aucun moyen de rentrer chez eux, et en quelques jours nous avons pu en rapatrier un millier environ.

Au point de vue médical, mon activité à Schirmeck, a consisté à examiner une moyenne journalière de 100 malades entre le 18 juillet et le 2 septembre, soit environ 8 % de l'effectif du camp.

À Gaggenau, du 2 septembre au 5 avril, une moyenne de 120 malades par jour, soit 15 % de l'effectif.

Cette augmentation me paraît attribuable, pour une part à la saison, et pour une autre part à l'absence d'eau et à la vermine.

Une part revient aussi à l'insuffisance de la nourriture, en égard au travail demandé (300 grammes de pain, 1 litre de soupe à midi, la plupart du temps claire, sauf le dimanche, 30 grammes de margarine ou une cuiller à soupe de confitures ou de miel artificiel le soir).

J'ai observé :

Nez : rhinites et rhumes divers

Gorge : Angines rouges et blanches, parfois compliquées d'albuminurie.

Phlegmons de l'amygdale que j'ai pu traiter avec des oxydants et par des badigeonnages au bleu de méthylène, des sulfamides. Quelques rares cas de diphtérie que j'ai pu traiter par du sérum antidiphtérique.

Oreille : Otites externes et bouchons de cérumen

bouche : Stomatites souvent peu graves. Quelques cas de gingivite expulsive. Quelques cas de scorbut.

J'ai enregistré de nombreux cas de carie dentaire.

Toux : conjonctivite, iritis, corps étrangers de la cornée, traités par des sels d'argent.

Larynx : Laryngites, aiguës ou subaiguës, sans traitement efficace possible.

Poumons : Bronchites, congestions pulmonaires par sulfamide injections intraveineuses d'huile camphrée et inhalations d'oxygène, avec bonheur.

Cœur : Quelques rares cas de cardiopathies valvulaires, toujours d'origine rhumatismale. J'ai eu à ma disposition de la digitale, de la coramine et du luminal pour des tachycardies et douleurs précordiales.

Estomac : Au point de vue gastrique, j'ai observé peu de maladies organiques, mais des troubles fonctionnels extrêmement fréquents.

Intestins : nombre très important de cas de diarrhée, que j'ai traités par du charbon, du tanin, sans grand succès.

Le nombre des hernies était assez peu élevé. Certaines ont présenté des phénomènes d'engouement ou d'étranglement. J'ai pu les faire opérer, de même que quelques cas d'appendicite aiguë.

Foie : Peu d'ictères et de coliques hépatiques.

Reins : Cas assez nombreux d'albuminurie, le plus souvent d'origine indéterminée, quelquefois après angine.

Vessie : Les cystites et même les hématuries d'origine vésicale, n'ont pas été rares, mais elles ont été peu graves.

Nerfs : Au point de vue nerfs, j'ai observé des paralysies diphtériques, des hémiplégies, des douleurs diverses, des zonas, des syncopes extrêmement fréquentes après vertige, sans phénomènes suriculaires.

Peau : Les dermatoses étaient dominées par la phtiriase de la tête, du corps et du pubis, par la gale souvent infectée par l'action des parasites (puces, punaises) qui provoquaient l'apparition de furoncles de tous types, d'impétigos. Des mycoses, lichen, ulcères de jambes, compliquant souvent des œdèmes, gangrènes cutanées, érysipèles assez fréquents, réagissant bien aux badigeonnages d'Inotyol et aux sulfamides, mais récidivant facilement. Hidrosadénite de l'aisselle, ganglions et bubons, phlegmons du cou, intertrigos, streptococcies cutanées mais spécialement huileuses, crevasses, brûlures.

Au point de vue des organes génitaux, pourcentage insignifiant. Quelques balanites, 3 syphilis récentes, 2 cas de gonococcie, quelques hémorroïdes.

J'ai dû accomplir plusieurs actes de petite chirurgie à l'occasion d'infections cutanées, et pratiquer avec une asepsie très relative des incisions d'abcès divers.

Peu d'accidents du travail ou de plaies de guerre.

La chirurgie proprement dite a comporté le traitement de fausses couches, appendicites aiguës, étranglements herniaires, quelques plaies de guerre.

Les maladies générales ont été représentées surtout par des phénomènes d'ordre grippal, des anémies, des rhumatismes, et par les oedèmes.de carence avec des œdèmes du visage, des paupières, des membres inférieurs, diarrhées importantes, soif extrême, tachycardie avec pouls misérable, représentant des troubles importants du métabolisme de l'eau, qui, dans une vingtaine de cas, se sont terminés par la mort.

Et je n'ai pu opposer à ces accidents que le repos absolu, difficile à obtenir du fait des parasites qui torturaient les malades, et par l'administration de carottes crues qui, dans quelques cas, ont paru avoir un rôle favorable.

Jean Lacapère au camp de Schirmeck en 1944.

Courrier des chercheurs et des curieux
À propos du Docteur Jean Lacapère

par Godeliève LUST

4ᵉ trimestre 2005

Suite à l'article publié dans le Bulletin de la Société Archéologique, Historique, Littéraire et Scientifique du Gers du 2ᵉ trimestre 2005 (pp. 247- 256) et intitulé « Le Docteur Rhumatologue Jean Lacapère de Lectoure », j'ai reçu un courrier du Docteur Jean-Pierre Dauchy, médecin retraité du C.H. de Mont-de-Marsan, Lectourois lui aussi et membre de notre Société Archéologique. Il a bien connu le Docteur Lacapère auquel il rendait souvent visite à l'institut Prophylactique de la rue d'Assas à Paris. Il nous prie d'insérer l'addendum suivant afin de compléter et préciser la carrière et l'œuvre de ce grand médecin et chercheur gersois : « Avec le Professeur Jean Forestier, le Docteur Jean Lacapère a établi la distinction définitive entre l'arthrose, maladie dégénérative et l'arthrite, maladie inflammatoire, et imposé cette distinction, cette classification capitale, mondialement reconnue, base de la rhumatologie moderne actuelle ».

Lacapère Jean (Docteur)

Médecin, Jean Lacapère était avant la Seconde Guerre mondiale, membre de la 6ᵉ section de Paris du Parti socialiste SFIO. En 1936, il avait abandonné la médecine privée pour travailler à l'Institut prophylactique, dont il fut le directeur adjoint. Henri Sellier, ministre de la Santé, du Front populaire, le prit comme collaborateur.

Arrêté par la Gestapo, il fut déporté au camp de Schirmeck. Dans son ouvrage *Parti pris* (T. 2) Georges Cogniot affirme qu'il adhéra au Parti communiste à sa libération. Il ajoute que lors de son décès en mai 1964 : « Nous eûmes le surcroît de douleur de n'être pas autorisés à le conduire au cimetière, sa famille ne nous le permit pas. »

Il était président d'honneur de la Ligue française contre les rhumatismes.

Source : Le Maitron, dictionnaire biographique du mouvement ouvrier, mouvement social, https://maitron.fr/spip.php?article114971, notice Lacapère Jean (Docteur), version mise en ligne le 24 novembre 2010, dernière modification le 19 août 2013.

Jean Lacapère avec sa sœur et ses parents,
dans l'escalier monumental de la mairie de Lectoure.

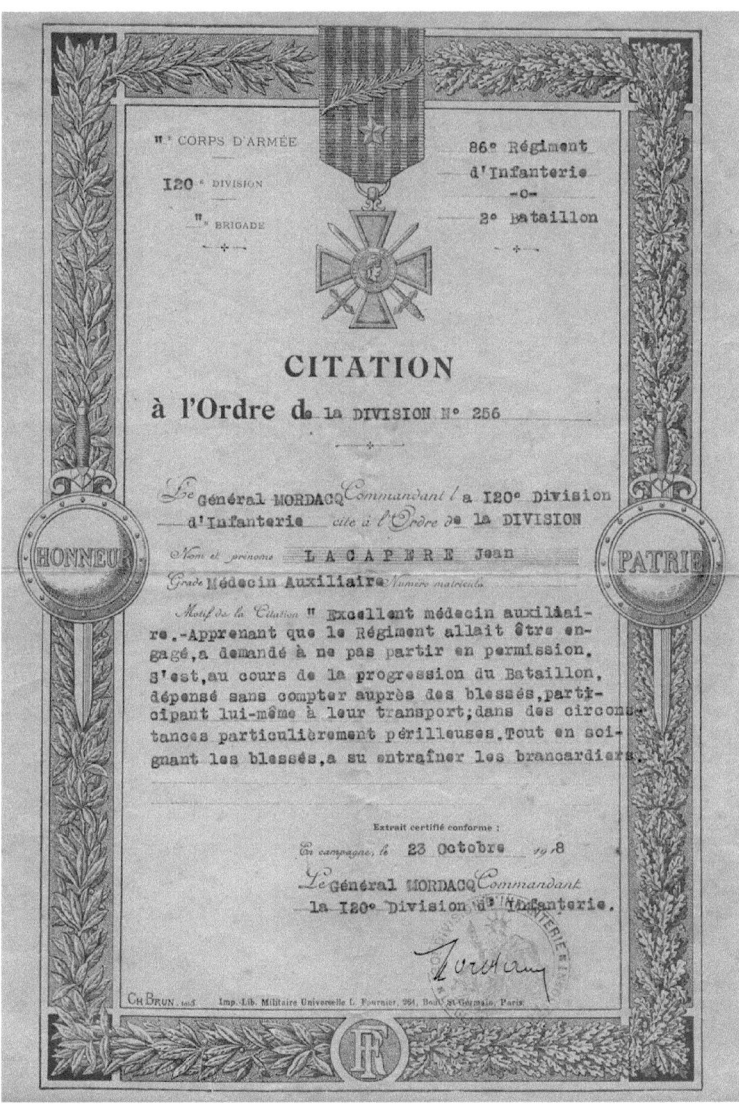

II° CORPS D'ARMÉE

120° DIVISION

II° BRIGADE

86° Régiment
d'Infanterie
-o-
3° Bataillon

CITATION

à l'Ordre de LA DIVISION N° 256

Le Général MORDACQ Commandant l a 120° Division
d'Infanterie cite à l'Ordre de LA DIVISION

Nom et prénoms LACAPERE Jean

Grade Médecin Auxiliaire Numéro matricule

Motif de la Citation " Excellent médecin auxiliaire.-Apprenant que le Régiment allait être engagé,a demandé à ne pas partir en permission.
S'est,au cours de la progression du Bataillon,
dépensé sans compter auprès des blessés,parti-
cipant lui-même à leur transport;dans des circonstances particulièrement périlleuses.Tout en soignant les blessés,a su entraîner les brancardiers.

Extrait certifié conforme :

En campagne, le 23 Octobre 1918

Le Général MORDACQ Commandant
la 120° Division d'Infanterie.

CH.BRUN, inv.   Imp. Lib. Militaire Universelle L. Fournier, 264, Boul. St-Germain, Paris

Le Docteur Jean Lacapère.

Jean Lacapère en uniforme, pendant la première guerre mondiale.

Jean Lacapère et son épouse Madeleine, à Tolède en avril 1934.

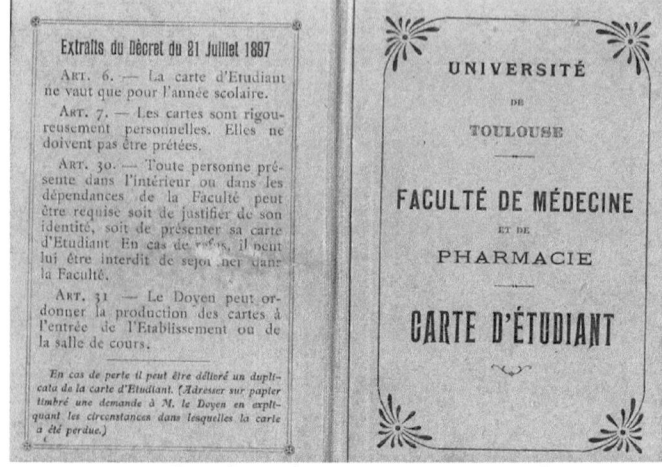

La carte d'étudiant de Jean Lacapère à Toulouse.

Jean Lacapère avec ses étudiants, dans son laboratoire à Paris.

Livre du Docteur Jean Lacapère, « Les rhumatismes », Éditeur Amédée Legrand & Jean Bertrand, Paris, 1946, 133 pages.

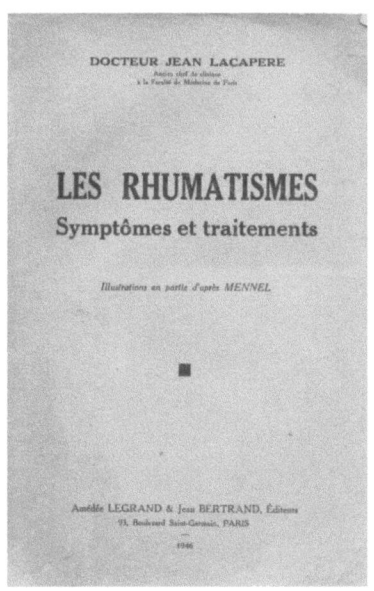

Les membres du Réseau Alliance
(mars-septembre 1944).

Lorsqu'à la fin de 1942, les autorités allemandes se rendent compte que de nombreuses affaires d'espionnage découvertes en des points très divers territoire français se relient entre elles et touchent le réseau Alliance fondé par Georges Loustanau-Lacau, Léon Faye et Marie-Madeleine Fourcade. Elles décident de spécialiser, pour traiter ces cas, deux de leurs services : l'Abwehrstelle (AST), ou service de contre-espionnage de la Wermacht, de Dijon et de Strasbourg. Le premier est plus spécifiquement chargé des enquêtes et le second de la confection du dossier judiciaire [1].

Ce choix explique le parcours particulier de ces résistants. Arrêtés en zone occupée, les membres du réseau Alliance sont dirigés vers Strasbourg et la zone annexée. Si leurs camarades, partis de Paris en décembre 1943 et janvier 1944, sont ensuite dirigés vers des prisons du pays de Bade [2], cette fois, peut-être par manque de place dans ces lieux ou pour les conserver à sa disposition, l'AST de Strasbourg transfère ces groupes dans des camions à destination du camp proche de Schirmeck.

Les 10 premiers y arrivent dès le mois de mars, alors que la très grande majorité des autres entrent au camp de Schirmeck en trois transports : le premier au mois d'avril 1944, vraisemblablement le 29, amène 37 membres des secteurs d'Autun et de La Rochelle ; le second en mai, comprend 61 hommes arrêtés à Paris, dans le Nord et la Bretagne ; le dernier, fin juin, est composé d'au moins 10 membres du secteur méditerranéen. Par ailleurs, l'abbé Joseph Roth du secteur de l'Est, arrêté dans les Vosges, à

Raon-l'Étape, le 4 septembre 1944, n'arrive à Schirmeck qu'en septembre, avant d'être transféré à Gaggenau pour y être fusillé le 25 novembre. Enfin, on ne sait pas à quelle date entre Joseph Boehler, fusillé au camp le 5 septembre 1944. Tous sont affectés au block 10, baraque semblable en apparence à toutes les autres, qui sert de prison aux « terroristes » du camp. Ceux qui n'ont été affectés au block 10 sont enfermés au « bunker » (le cachot) ; les femmes, quant à elles, se trouvent au « garage », bâtiment qui servait à l'origine de remise pour les voitures. Ils n'ont pas le droit de sortir de la baraque, ne peuvent entrer en relation avec aucun des autres détenus (qui eux, quand ils ne sont pas au travail, ont l'autorisation de circuler à l'intérieur du camp) et ne peuvent recevoir ni lettre, ni colis. Leur présence doit être gardée secrète.

Le Commandant d'active Christian de La Motte Rouge, agent principal du secteur de La Rochelle, meurt d'épuisement au bunker de Schirmeck le 22 avril 1944. Le 25 avril 1944, les 10 hommes arrivés en mars sont transférés à la prison de Strasbourg, 9 arrivent au KL Dachau le 21 décembre 1944 et sont immatriculés entre le 1355989 et le 136006. 3 y décèdent. Le dernier est resté à la prison de Wolffach, d'où il est libéré le 22 avril 1945. Le docteur Jean Lacapère, transféré à Gaggenau le 2 septembre 1944, et Simone Vacher-Bougouin, restée au camp jusqu'à sa libération en novembre 1944, sont les deux seuls autres survivants de ce groupe déporté au SL Schirmeck.

En effet, le 1er septembre 1944 au soir, une camionnette emmène jusqu'à l'aube 106 [3] détenus du réseau, par groupe de 12, au KL Natzweller. Parmi eux, seul Charles Boileau, parti de Compiègne le 27 janvier 1944 à destination de Buchenwald, a été transféré à Schirmeck le 15 mars 1944 pour être regroupé avec ses camarades. Tous sont exécutés d'une balle dans la nuque et leurs cadavres brûlés ensuite au four crématoire.

Manuel Maris

(1) : pour plus de détails, voir le *Mémorial de l'Alliance,* édité par l'Association du réseau Alliance ; et l'ouvrage de Marie-Madeleine Fourcade, *L'Arche de Noé : réseau Alliance,* Plon, 1990.

(2) : voir la notice sur les départs des membres du réseau Alliance vers les prisons du Reich en décembre 1942 et janvier 1944 (I.166).

(3) : Sur la plaque commémorative au camp de Natzweiler-Struthof sont inscrits 107 membres du réseau. Cependant, Émile Audran, qui y figure, ne meurt pas au Struthof dans la nuit du 1er septembre, mais à Hanovre le 22 février 1945.

20.05.1944		Louis	H	05.02.1897	Nantes (44)	F	245	LALU	02.09.1999	Natzweiler	Exécuté ; ''NN''
20.05.1944	JABAT	Paul	H	05.01.1900	Aire-sur-Adour (40)	F	84	DCD *	02.05.1944	Natzweiler	** Exécuté ; ''NN''
20.05.1988	LACAPERE	Jean	H	29/05/1898	Lacriture (33)	F	14	B	98.26.1985	Gaggenau	'''NN'''
20.05.1944	LE MEUR	Louis	H	11.06.1917	Chéaire (29)	F	84	DCD *	02.29.1944	Natzweiler	** Exécuté ; ''NN''
20.05.1944	LE NEVE	Raymonde	F	29.07.1910	Nantes (44)	F	84	DCD *	02.09.1944	Natzweiler	** Exécutée ; '''NN'''

Listing du réseau Alliance mentionnant Jean Lacapère.

Source : Fondation pour la Mémoire de la Déportation (https://fondationmemoiredeportation.com) ; communiqué par Fabrice Bourrée, Chef du département AERI (Musée de la Résistance en ligne), Fondation de la Résistance - 16-18 place Dupleix 75015 Paris, que nous remercions.

<u>Sources</u> :

La quasi-totalité des documents présentés dans cet ouvrage proviennent des archives de Madame Godelieve Lust, qui les tient de Mademoiselle Madeleine Lacapère, sœur de Jean Lacapère.

Avec le soutien de :

l'association **Le 122**
Maison des écrivains
15, rue Jules de Sardac 32700 Lectoure
Courriel : pierre.leoutre@gmail.com

Histoire et Mémoire de la Résistance en Occitanie

association
Mémoire Résiste
Maison des écrivains
15, rue Jules de Sardac
32700 Lectoure

https://cidan.org
CiDAN
9ter rue Édouard Lefebvre
78000 Versailles
Courriel :
contact@cidan.org

Édition :
BoD - Books on Demand,
12/14 rond-point des Champs Élysées,
75008 Paris, France

Impression :
BoD - Books on Demand, Norderstedt, Allemagne

N° ISBN : 9782322409174

Dépôt légal : janvier 2022

www.bod.fr